BEI GRIN MACHT SICH IHR WISSEN BEZAHLT

Die Außen- und Sicherheitspolitik der EU im globalen Transformationsprozess. Von der idealistisch-mythologischen Vision des ewigen Friedens bis zur (neo-) realistischen Geopolitik?

Josef Muehlbauer

Bibliografische Information der Deutschen Nationalbibliothek:

Die Deutsche Nationalbibliothek verzeichnet diese Publikation in der Deutschen Nationalbibliografie; detaillierte bibliografische Daten sind im Internet über http://dnb.d-nb.de abrufbar.

ISBN: 9783346316097
Dieses Buch ist auch als E-Book erhältlich.

© GRIN Publishing GmbH
Nymphenburger Straße 86
80636 München

Druck und Bindung: Books on Demand GmbH, Norderstedt Germany
Gedruckt auf säurefreiem Papier aus verantwortungsvollen Quellen

Das vorliegende Werk wurde sorgfältig erarbeitet. Dennoch übernehmen Autoren und Verlag für die Richtigkeit von Angaben, Hinweisen, Links und Ratschlägen sowie eventuelle Druckfehler keine Haftung.

Das Buch bei GRIN: https://www.grin.com/document/963040

Seminararbeit

Die Außen- und Sicherheitspolitik der EU im globalen Transformationsprozess

Von der idealistisch-mythologischen Vision des ewigen Friedens bis zur (neo-) realistischen Geopolitik?

Verfasser:

Josef Muehlbauer

Wien, im April 2018

Studienrichtung: Politikwissenschaft

Studienfach: (BAK8) Friedens- und Konfliktforschung

Inhaltsverzeichnis

1 Einleitung

Der Friede wurde „Europa" in die Wiege gelegt, so erscheint es angesichts der griechischen Mythologie und den bisherigen archäologischen Funde (Krippendorff 2016: 149ff). Europa, ähnlich wie jeder Nationalstaat bzw. staatliches Konstrukt ist ein Produkt seiner Mythologien, seiner eigenen Erzählungen und kann somit als „*subjektive Fiktion*" (Salzborn 2011: 153), oder auch als „*imagined community*" (Anderson 1991) bezeichnet werden.[1] Insofern erscheint auch die Vision vom europäischen Geist des Friedens als ein bloßes narratives Instrument zur Identitätsstiftung. Die Idee des Friedens durchzieht aber nicht nur die europäische Mythologie. Stolz zitiert die Europäische Kommission folgenden Ausspruch des ehemaligen deutschen Außenministers Guido Westerwelle:

> „*Die europäische Integration ist das erfolgreichste Friedensprojekt der (neueren) Geschichte*"[2]

Die EU hat im Jahr 2012 sogar den Friedensnobelpreis für die Verbreitung von Frieden, Demokratie und Menschenrechte erhalten (Ruf 2014: 52). Ob dieser Friedenspreis jedoch gerechtfertigt ist? Diese Frage impliziert eine Kritik am Friedensbegriff der EU und kann im Rahmen dieser Seminararbeit nur peripher angeschnitten werden.[3]

In einer Zeit der Dauerkrise (Migrations-, Wirtschafts-, Umweltkrise...) muss sich die EU vor immer größer werdenden Herausforderungen stellen. Die Widersprüche des kapitalistischen Systems und unserer „imperialen Lebensweisen" (Brand) treten ans Tageslicht und sorgen zudem seit der Zäsur[4] vom 11. Sept. 2001 für „Angst und Schrecken" (Donhauser 2015), was wiederrum das Bedürfnis nach Sicherheit steigert. Der Ausgangspunkt dieser „Angst" liegt im Zentrum (USA) und wirkt sich auf die Peripherie aus, oder anders formuliert: Die weltweite Hegemonie des „Imperiums der Angst" (Barber 2007), also das Konzept der „Pax Americana"

---

[1] Vgl. Asbach, Olaf (2011), Europa – Vom Mythos zur Imagined Community? Zur historischen Semantik „Europas" von der Antike bis ins 17. Jahrhundert, Wehrhahn Verlag, Hannover.

[2] Guido Westerwelle zitiert in: Europäische Kommission, Die EU garantiert seit 70 Jahren Frieden, abgerufen am 13.3.2018 unter: https://ec.europa.eu/germany/eu60/frieden_de.

[3] Angesichts von den völkerrechtswidrigen Interventionen im Kosovo bzw. im Jugoslawienkrieg, angesichts der (neo-)kolonialen Verhältnisse Frankreichs in Afrika („Françafrique"), angesichts der strategischen Partnerschaft der EU mit der NATO und angesichts der Tatsache dass Deutschland und Frankreich zu den größten Waffenexporteuren der Welt zählen, ist und bleibt die Rechtfertigung für den EU-Friedensnobelpreis sehr vage.

[4] Ernst-Otto Czempiel begreift die Terroranschläge vom 11.Sept. als Zäsur, im Sinne dass die Weltpolitik und die internationalen Beziehungen seither sich in einem Umbruch befinden. Vgl. Czempiel, Ernst Otto (2003), Weltpolitik im Umbruch. Die Pax Americana, der Terrorismus und die Zukunft der internationalen Beziehungen, Verlag C.H.Beck, München.

neigt sich dem Ende. All die erwähnten sozialen Trends hat der deutsche Friedensforscher Werner Ruf präzise auf den Punkt gebracht:

> *„Die „Versicherheitlichung" nahezu aller Aspekte des sozialen Lebens im weitesten Sinne von der Ökologie bis zur Migration, vom Zugang zu Rohstoffen bis zum Zusammenleben von Menschen unterschiedlicher Kulturen gibt Konflikten jeder Art eine – auch – militärische Dimension."* (Ruf 2014: 53).

Angesichts dieser Konflikt-geladenen Zukunft steht das „Friedensprojekt" EU am Scheideweg und dabei stellt sich folgende Frage: Mit welcher Außen- und Sicherheitspolitik wird die EU auf diesen soziale Trends antworten, wenn sie gleichzeitig an den Menschenrechten und ihrer eigenen „Friedensmission" festhalten will? Genau um diesen Problemgegenstand wird sich diese Seminararbeit orientieren. Und nun zur genauen Forschungsfrage:

1.1 Fragestellung und methodologische Vorgehensweise

Anhand von strategischen Analysen des österreichischen Institut für Konfliktforschung (IFK des Verteidigungsministerium), Trendprognosen der EPRS (European Parliamentary Research Service), der ESPAS (European Strategy and Policy Analysis System), der Euro Memorandum Group (2018), der EUISS (European Union Institute for Security Studies) und der EEAS - European Union External Action (2016) werde ich deskriptiv die Entwicklungsanalyse des globalen Transformationsprozesses darstellen. Das Fundament dieser beschriebenen Dokumente basiert auf einem empirischen Datenmaterial bzw. auf Zukunftsprognosen von Experten. Anschließend, werde ich versuchen folgende Frage zu beantworten:

> Welche Handlungsoptionen bzw. welche politische Implikationen ergeben sich aus den globalen Trends für die EU im Bereich der Außen- und Sicherheitspolitik? Eine Frage die eng damit verbunden ist, jedoch nur partiell beantwortet wird lautet: Inwieweit kann die Friedens- und Konfliktforschung mögliche Lösungsvorschläge für die kommenden sozio-ökonomische und politische Problemstellungen und Konflikte anbieten?

Zur Beantwortung dieser Fragen werde ich auf die Theorie der „imperialen Lebensweisen" vom Politikwissenschaftler Ulrich Brand zurückgreifen. Die EU als Gesellschaftsformation begreife ich hingegen mit dem (neo-)realistischen Blickwinkel der Internationalen Politik.

2 Begriffsbestimmungen

2.1 Realismus und Neorealismus

Für den Realismus (Morgenthau 1963) und für den strukturellen Neorealismus (Waltz1979) ist Frieden ein stets prekärer Zustand (vgl. Kahl/ Rinke 2011: 71). Vertreter des klassischen Realismus stehen in der Tradition von Machiavelli, Thukydides und Hobbes (vgl. Rittberger et al, 2010: 31) und gehen von einem pessimistischen Menschenbild aus. Das globale System ist geprägt durch einen ständigen Kampf um Hegemonie, Macht und Ressourcen. Die internationale Politik wird durch nationale Interesse bestimmt. Da unter diesen Bedingungen die Staaten sich in einem Konkurrenzverhältnis zueinander befinden und sich daher auch in einer ständigen Unsicherheit wissen, ergibt sich ein „Sicherheitsdilemma" (Herz 1950). Mit diesen Ansatz kann die EU auch als ein neoliberales Elitenprojekt verstanden werden, welches nutzenmaximierend seine eigene hegemoniale Position und den Zugang zu weltweiten Ressourcen sichern möchte (Klein/ Kleiser 2006; Haller 2010).

2.2 Gewalt und Konflikt

Anlehnend an Chantal Mouffe und Ernesto Laclau begreife ich den zwischenmenschlichen Konflikt nicht als etwas negative, sondern als einen integralen Bestandteil der menschlichen Gesellschaft. Der Konflikt (Antagonismus), soll nicht unterdrückt und erstickt werden im liberalen Konsens, sondern soll lediglich gezähmt werden und zwar in Form eines radikaldemokratischen Agonismus (Mouffe/Laclau 2001). Ich gehe in dieser Arbeit von einem breit gefassten und feministischen Gewaltbegriff aus. Dabei unterscheide ich nicht nur wie Galtung (2007) zwischen kultureller (Sprache, Ideologie, Religion…), struktureller (Vermögensverteilung, Lebensbedingungen…) und personale Gewalt (direkte Akteursgewalt), sondern gehe noch einen Schritt weiter und beachte auch noch die patriarchale Gewalt (vgl. Bonacker/ Imbusch 1999: 90ff).

2.3 Imperiale Lebensweisen

Die „imperiale Lebensweisen", ein Konzept von Ulrich Brand und Markus Wissen, basiert auf die Marx'sche Einsicht in die sozial-ökonomische Widersprüchlichkeit des Kapitalismus. Diese liegt darin, dass die kapitalistischen Produktionsweisen nicht nur gesellschaftlichen Reichtum schaffen, sondern „zugleich die Springquellen alles Reichtums untergräbt: die Erde und den Arbeiter" (Marx 1988 [1867]: 529f zit. in Brand/ Wissen 2016: 236). Die imperiale Lebensweise beschreibt somit den „überproportionalen, teilweise rechtlich und mitunter offen gewaltförmig abgesicherten Zugriff des Globalen Nordens auf Ressourcen" (Brand/ Wissen 2016: 237). Der Reichtum basiert aber nicht nur auf Ausbeutung, sondern auch auf eine ökologische Destruktivität, die sich im Fleischkonsum oder in der Automobilität artikulieren. Dieses Konzept konzentriert sich somit nicht nur auf ökonomische Abläufe, sondern auch auf symbolische Ordnungen und Normalitätsvorstellungen.

2.4 Hegemonie (Gramsci)

Hegemonie bezeichnet einen politisch-ideologischen Artikulationsprozess bzw. bezeichnet ein Verhältnis heterogener Elemente, welche einen Kollektivwillen (oder auch Konsens) formulieren. Das Gebiet der hegemonialen Kämpfe besteht aus ein in sich verkeiltes und komplexes System zivilgesellschaftlicher Institutionen (vgl. Marchart 2008: 78). Während Zwang rein repressiv zu verstehen ist, geht es bei der Hegemonie um die Einbindung sozialer Klassen und um Macht-Konsolidierungen. Diese Konsolidierung gelingt dank eines allgemeinen Konsens. Dieser folgendermaßen zu verstehen: *„Die Zwangsmittel der „politischen" Staatsapparate sind schon allein deshalb nicht zureichend für dauerhafte Herrschaft, weil die freiwillige Zustimmung zu einem gegebenen Status quo auch in den Köpfen des Personals dieser Zwangsapparate hergestellt werden muss"* (Marchart 2008: 79f).

3 Globale Transformationsprozesse

Die internationalen Beziehungen und das globale System befinden sich in einem tiefgreifenden Wandel und Umbruch (vgl. Tchakarova 2016; Rittberger 2010; Czempiel 2003). Ob in der Wahl von Trump, im Ergebnis des britischen Referendums zum „Brexit", oder aber im aufkommenden Rechtspopulismus, können wir nicht nur das Gefühl der Angst, sondern auch geopolitische Umschwünge wittern. Aber auch die empirischen gestützten Prognosen bezüglich der Ressourcen, Weltbevölkerung oder aber des Klimawandels deuten auf ein Konfliktpotential hin. In diesem Kapitel gilt es nun, die Strukturveränderungen und die Zukunftsprognosen des globalen Systems anhand von 4 Dimensionen (Gesellschaftliche Strukturveränderung und Digitalisierung, Ressourcenknappheit, Klimawandel und Machtverschiebung in den internationalen Beziehungen) zu skizzieren. Diese Dimensionen wurden aus drei Gründen selektiert: erstens beeinträchtigen sie die außen- und sicherheitspoltische Handlungsoptionen der EU und zweitens kommen sie in den (strategischen) Dokumenten der EPRS, ESPAS, EUISS und der EEAS vor. Darüber hinaus stellen diese vier Transformationskategorien wichtige „cleavages" (Konfliktlinien) dar, welche die Friedens- und Konfliktforschung beschäftigen (Jakobeit/ Meißner 2011; Bzroska 2008; Klare 2015; Roithner 2016).

„By 2035, technological advances will have a major impact on the social and economic foundations of society. Technologies involving automation and machine learning havethe potential to disrupt job markets, making millions of jobs obsolete."
– berichtet das EPRS (2017: 29f).

Dies vollendet die ohnehin stark präsente Hegemonie der Transnationalen Konzerne. Auf der anderen Seite stehen die Staaten vor dem zerbrochenen Traum des Wohlfahrtstaates, die Gewerkschaften verlieren ihre letzte Hebelwirkung und Millionen von Menschen werden vom kapitalistischen System förmlich exkludiert. Allein in den USA werden in den kommenden 20 Jahren fast 47% der Arbeitsplätze durch die Digitalisierung untergraben – so die Ergebnisse einer Oxford-Studie.[5] Mit einer adäquaten Wohlstandsverteilung wird versucht diesem Trend entgegenzuwirken (z.B. durch ein „Bedingungsloses Grundeinkommen"). Die Transformation des Arbeitsmarktes stellt auch die europäische Gesellschaft vor einer großen Herausforderung und diese Veränderung erzeugt ein Gefühl der Instabilität und der Veränderung. Drei weitere Faktoren, nämlich die Demographie der EU, der aufkommende Rechtspopulismus und die weltweit steigende Migration, beeinflussen nicht nur die Innenpolitik der EU, sondern sind Eckpfeiler einer EU-Sicherheitsstrategie (EPRS – Global Trends Unit 2017).

Beginnen wir die Analyse mit der demographischen Statistik: In fast der Hälfte aller Staaten weltweit bekommen Frauen heute im Schnitt nicht mehr als 2,1 Kinder und insgesamt liegt die Geburtenrate aller „entwickelten Staaten" bei 1,6 Kinder je Frau. Mehr als die Hälfte der derzeitigen Weltbevölkerung lebt heute bereits in Staaten, in welchen die Geburtenrate nicht mehr „bestandserhaltend" bzw. auf den „Ersatzniveau" ist. Auf der anderen Seite sehen wir einen Trend der Alterung: Im Jahr 2050 werden dreimal so viele, also fast 2,1 Mrd. Menschen 60 Jahre oder älter sein. In Europa ist jetzt schon fast jeder vierte über 60 Jahre alt (Stand 2017: U.N. World Population Trends)[6]. Laut dem EPRS-Dokument resultieren daraus folgende schwerwiegende gesellschaftliche Transformationsprozesse: Das Sozial- Gesundheits- und vor allem das Pensionssystem droht zu kollabieren; das staatliche Steuersystem wird immense Einbuße erleben; die Zahl der arbeitsfähigen Menschen wird sinken und somit sinkt nicht nur der Konsum und die Nachfrage, sondern auch das Wirtschaftswachstum (EPRS 2017: 19ff).

Wir leben im *„Zeitalter der Migration"* (Castles/ Miller 2003): Allein 2015 waren (laut UNCHR) rund 65,3 Mio. Menschen auf der Flucht, also 5,8 Mio. mehr als im Jahr zuvor.[7] Die meisten Menschen migrieren jedoch im Zeitalter der Globalisierung meist aus sozio-

---

[5] Frey and Osbourne, „The Future of Employment: How susceptible are jobs to computerisation?", 17. Sept. 2013, www.oxfordmartin.ox.ac.uk/downloads/academic/The_Future_of_Employment.pdf.
[6] "World Population Trends", United Nations Population Fund, abgerufen am 18.3.2017 unter: https://www.un.org/development/desa/publications/world-population-prospects-the-2017-revision.html.
[7] UNCHR, Global Trends: Forced Displacement in 2015, S. 1-3.

ökonomischen Gründen vom Land in die Stadt (Urbanisierung). 2008 lebten erstmals mehr Menschen in den Städten als auf dem Land und die U.N. rechnet mit 5 Mrd. Menschen die im Jahr 2030 in den Städten leben werden.[8]

„Wanderrouten sind Auswege aus dem tief empfundenen Missverhältnis zwischen erlebter Wirklichkeit von schlechter Regierungsführung, Exklusion, Armut, wirtschaftlicher und sozialer Ungleichheit, geringer Bildungs- und Aufstiegschancen und den Lebensperspektiven, die reiche westlichen Staaten vorführen – und sei es nur virtuell." – so die präzise Analyse von Fluchtursachen vom Politikwissenschaftler Heinemann-Grüder (2016: 59).

Für ihn sind die drei Hauptursachen für Völkerwanderungen dieses Ausmaßes: militärischer Interventionismus; Regimewechsel und neoliberale Wirtschaftspolitik (ebd.). Paradoxerweise wirken sich solche Völkerwanderungen positiv für die Konzerne und Unternehmen aus: Der Großteil (85%) der 2,5 Mio. syrischen Flüchtlinge verließ das Flüchtlingslager und ging in den türkischen Arbeitsmarkt (Stand: 2014). Dieser Trend kann auch in anderen Staaten beobachtet werden, denn weniger als 30% der Flüchtlinge leben in organisierten Flüchtlingslager (UNCHR 2014). Obwohl die syrischen Flüchtlinge keine Arbeitserlaubnis haben, ist ihre Arbeitsquote in der Türkei sehr hoch und dies verursacht einen „Arbeitsmarktschock": selbst hoch qualifizierte Flüchtlinge sind in keiner guten Verhandlungsposition gegenüber den Unternehmen und erhalten daher geringe Löhne, keine Sozialleistungen und müssen meist unter schlechten Arbeitsbedingungen zurechtkommen. Dies wiederrum senkt das Lohnniveau, vor allem im Sektor der niedrig qualifizierten Arbeit. Auf der anderen Seite schafft dies wiederrum eine investitionsfreudige Stimmung für das weltweit agierende Kapital. Dieser Trend kann empirisch festgehalten werden: Auf 10 syrische Flüchtlinge werden drei neue türkische Arbeitsplätze geschaffen (World Bank Study 2015)[9]. Die Ausbeutung findet seinen Höhepunkt jedoch in der illegalen Kinderarbeit, meist in der türkischen Textilindustrie zu finden – so der Bericht von Human Rights Watch.[10] Zu ähnlichen Ergebnissen kommt eine weitere Studie in Bezug auf Jordanien (ILO 2014)[11]. Aus marktradikaler Sicht könnte man behaupten, dass der Migrationsvorgang eine Selektion der notwendigen „manpower-resource" darstellt – so die Analyse des deutschen Soziologen Prof. Han (2010: 168ff). Das Institut für die Zukunft der

---

[8] UNFPA (United Nation Population Fund), Urbanization, Overview, Mai 2007.
[9] Del Carpio, Ximena V./ Wagner, Mathias (Aug. 2015), The Impact of Syrian Refugees on the Turkish Labor Market, Policy Research Working Paper 7402, World Bank.
[10] Human Rights Watch, "When I Picture my Future, I See Nothing", Nov. 8, 2015.
[11] Ajluni, Salem/ Kawar, Mary (2014), The Impact of the Syrian Refugee Crisis on the Labour Market in Jordan, International Labour Organization (ILO).

Arbeit (IZA), das Institut für Arbeitsmarkt und Berufsförderung (IAB) sowie das Deutsche Institut für Wirtschaftsordnung (DIW) kommen einschlägig zu dem Ergebnis, dass sich angesichts der weiter oben erwähnten demographischen Statistik, die Migration positive Implikationen auf die „Wirtschaft" hat.[12] Die Flüchtlingspolitik beschert hingegen „rechten Parteien" in vielen Staaten einen regen Wählerzulauf – so die Analyse des Vizepräsidenten der EU-Kommission Frans Timmermanns (Die Presse vom 28.9.2015). Selbst konservative des österreichischen Bundesheeres (wie Stefan Lehne 2018) sprechen martialisch von einer (EU-)„Migrationsfront" und sehen einen Bedarf in der Sicherung der EU-Außengrenzen.[13] Die globale Strategy der EU sieht dies ähnlich (EFSP 2016:20f) und strebt daher eine engeren Zusammenarbeit mit dem Völkerrecht-brechenden Militärbündnis NATO an und zielt auch auf eine „Militarisierung der EU" (PESCO). Während die Augen vor den Fluchtursachen verschlossen werden (Heinemann-Grüder), steht eine (neo-)realistische Außen- und Sicherheitspolitik, bzw. eine „Trumpisierung", also eine „Festung Europa" vor der Tür. Gehen wir nun über zum nächsten Trend:

3.2 Klimawandel und Ressourcenknappheit

Es werden bis zum Jahr 2035 dramatische Folgen im Zuge des Klimawandels erwartet, selbst wenn neue Technologien entdeckt würden und selbst wenn Staaten den Ausstoß von Treibhaus-Emissionen reduzieren würden – laut European Environment Agency (2016) und BP Energy Outlook 2035 (EPRS 2017: 34).[14] Diese globale Erderwärmung hat zur Folge, dass sich der Kampf um Ressourcen, wie etwa Nahrung zuspitzt. Aufgrund der zunehmenden Hitzeperioden und den darauf folgenden Auswirkungen auf die Weizenernte, ist eine Nahrungsmittelknappheit absehbar. Zudem kommt noch die kapitalistische Logik der permanenten Akkumulation, welcher wir es zu verdanken haben, dass rund 88 Mio. Tonen Nahrungsmittel allein im Jahr 2012 weggeworfen wurden.[15] Das ist aber ein altbekanntes Problem: *„Im Jahr 1972 lösten Die Grenzen des Wachstums, der Bericht des Club of Rome zur Lage der Menschheit, eine intensive Kontroverse über die ökologische Belastbarkeit, den*

---

[12] Ginsburg, Hans Jakob (30.12.2016), Flüchtlingsdebatte: Deutschland braucht Zuwanderer, Wirtschaftswoche; Dumer, Niklas (17.10.2014), DIW-Studie: Zuwanderer sind gut ausgebildet, wollen aber nur selten bleiben, Wirtschaftswoche.

[13] Lehne, Stefan (2018), Entwicklungen in der Europäischen Union 2018, Sicherheitspolitische Jahresvorschau 2018.

[14] „Total Greenhouse Gas Emissions Trends and Projections." Total Greenhouse Gas Emission Trends and Projections – European Environment Agency, 21 June 2016, www.eea.europa.eu/data-and-maps/indicators/greenhouse-gas-emission-trends-6/assessment; „BP Energy Outlook 2035", Feb 2015, https://www.bp.com/content/dam/bp/pdf/energy-economics/energy-outlook-2015/bp-energy-outlook-2035-booklet.pdf.

[15] Stenmarch, Asa et al (2016), „Estimates of European food waste levels." FUSIONS, 31. Mar. 2016, www.eu-fusions.org/phocadownload/Publications/Estimates%20of%20European%20food%20waste%20levels.pdf.

Raubbau am Planeten und die Wachstumsideologie aus" (Roithner 2015). Die wissenschaftliche Auseinandersetzung über die Korrelation zwischen Ressourcen und Frieden/ Krieg begann schon 1798 mit Robert Malthus (Jakobeit/ Meißner 201: 518). Unter Ressourcen sind diverse Rohmaterialen zu verstehen, wie etwa Wasser, fruchtbarer Boden und u.a. Bodenschätze (ebd.; Basedau 2005: 7).

Noch dramatischer wird sich der Klimawandel auf das Trinkwasser auswirken. Regionen (wie der Nahe Osten) die jetzt schon unter einen Trinkwassermangel leiden, betrifft es zunehmend. Bei dem derzeitigen Stand wächst hingegen die Weltbevölkerung um rund 157 Menschen pro Minute bzw. um fast 83 Mio. Menschen pro Jahr.[16] Das Fallbeispiel China zeigt wie konflikthaft dieser Trend noch werden könnte: Chinas Anteil an der Weltpopulation beträgt fast 21% (Stand: 2011) und besitzt hingegen nur 8,5% der weltweiten Landwirtschaftsfläche (. Aufgrund der Urbanisierung verlor China allein zwischen 1997 und 2010 rund 8,2 Mio. Hektar landwirtschaftliche Fläche (UNOHCHR 2010)[17]. Afrika besitzt fast 60% der weltweiten landwirtschaftlichen Flächen und kaum verwunderlich das in den letzten Jahren Chinas Investitionen in die afrikanische Landwirtschaft (auch unter „Land Grabbing" bekannt) in die Höhe gestiegen sind (Brookings Institut 2015).[18] Aber China ist nicht allein. Zahlreiche andere Staaten kaufen oder mieten afrikanisches Land. Manche sprechen in diesem Kontext von einer stillen Re-Kolonialisierung Afrikas (Bwesigye bwa Mwesigire 2014)[19], ich gehe sogar noch einen Schritt weiter und ziehe Parallelen zur Zeit des Ersten Weltkriegs und spreche von einem neuen „Wettlauf um Afrika". In der Friedens- und Konfliktforschung ist der Kausalzusammenhang zwischen ressourcenreiche Staaten und ihre Anfälligkeit sich in einem Krieg oder Konflikt zu verwickeln auch bekannt unter dem Begriff: „Ressourcenfluch" (Jakobeit/ Meißner 201: 519; Ross 1999; Ross 2001; Basedau 2005; Humphreys et al 2007). Gemäßigte Realisten wie Werner Link (1999) erwarten künftig mehr geoökonomische denn militärische Konfliktlinien (vgl. Roithner 2011; vgl. Krell 2004: 293). Angesichts der Natur der Geopolitik, welche verwandt ist mit dem realistischen Denken, geht es in erster Linie um die

---

[16] Grundlage dieser Statistik ist die Weltbevölkerungsuhr der Deutschen Stiftung Weltbevölkerung (DSW). Die Weltbevölkerungsuhr zählt nicht wirklich die Menschen, die tagtäglich auf der Erde geboren werden. Stattdessen beziehen sich die Daten der Weltbevölkerungsuhr auf Prognosen der Bevölkerungsabteilung der Vereinten Nationen (UN Population Division), anhand deren der Zuwachs der Weltbevölkerung errechnet wird. https://de.statista.com/statistik/daten/studie/1816/umfrage/zuwachs-der-weltbevoelkerung/.

[17] UNOHCHR (2010), „Mandate of the Special Rapporteur on the right to food, Mission to the People's Republic of China from 15 to 23 December 2010, Preliminary Observations and Conclusions", UN Office of the High Commissioner for Human Rights, Bejing.

[18] Amadou Sy, What do we know about the Chinese land grab in Africa?, Africa in Focus, Brooking Institute, Nov. 5. 2015.

[19] Bwesigye bwa Mwesigire (2014), Land Grabbing in Africa, the new colonialism, in: "This is Africa", May 28, 2014.

Kontrolle von militärstrategisch wichtigen Orten und Grenzen wie Meerengen, Flussmündungen, Landengen, Inseln, Pässen, Höhenzügen und Oasen sowie um die Kontrolle von Rohstoff- und Energievorkommen, Wasser(läufen) und Böden zur Nahrungsmittelproduktion (Ulrich Menzel 2001: 59). Die Zukunft so scheint es, wird also sehr wohl konfliktgeladen aussehen:

> *„Schon heute werden zwischen „alten" und neuen Industriestaaten harte Handelskonflikte ausgefochten, etwa um strategische Rohstoffe wie „seltene Erden"* (Mahnkopf 2013: 33).

Nicht nur für die Shanghei Cooperation Organization (SCO) spielt die Frage nach der Ressourcensicherung eine zentrale Rolle, sondern auch für die EU und ihre Mitgliedsstaaten. Die Richtlinien der Bundeswehr stand diesbezüglich schon 1992 fest: Es geht um die

> *„Aufrechterhaltung des freien Welthandels und des ungehinderten Zugangs zu Märkten und Rohstoffen in aller Welt im Rahmen einer gerechten Weltwirtschaftsordnung"* (Bundesministerium der Verteidigung 1992, II, 8, (8); zit. in Roithner 2011: 70).

Die österreichische Sicherheitsstrategie aus dem Jahr 2013 strebt die *„Sicherstellung der Verfügbarkeit lebensnotwendiger Ressourcen"* (Bundeskanzleramt 2013: 9; zit. in Roithner 2011: 70). Diese strategischen Maßnahmen leuchten ein, angesichts des Long Term Vision 2025 Report der EU-Verteidigungsagentur: Bis 2025 wird die externe Abhängigkeit von Öl auf 90% und die von Gas auf 80% ansteigen (EDA 2006, zit. in Roithner 20011). Von Eisenerz ist die EU bereits heute zu 85%, von Bauxit zur Aluminiumerzeugung zu 95% und von Seltenen Erden, Molybdän und Kobalt zur Metallverarbeitung zu 100% abhängig (Der Standard 2012, zit. in Roithner 2011: 70). Die EU-Rohstoffpolitik zeigt als Antwort auf die Ressourcenknappheit eindeutig (neo-)realistische Züge: Im Jahr 2008 hat die EU die sogenannte „Rohstoffinitiative" („Raw Material Initiative" - RMI) formuliert (EC 2008). Die RMI ist wiederrum ein Teil der EU-Handelsstrategie „Trade, Growth and World Affairs" (EC 2010). Beides sind zwar keine Gesetzestexte, aber dennoch wichtige Strategiedokumente (Küblböck 2016: 142). Diese Initiativen beziehen sich auf mineralische Rohstoffe, basierend auf der Analyse, dass deren Zugang und Erschwinglichkeit von zentraler Bedeutung für die EU-Wirtschaft sind und dass steigende Spannungen und Konflikte in diesem Bereich absehbar sind. Der Schwerpunkt dieser Analyse liegt im Zugang zu Ressourcen in Drittländern. Zur Umsetzung dieser EU-Rohstoffstrategie möchte die EU bestehende Handelsregeln „bestmöglich" nützen, um „unverzerrten" Zugang zu Rohstoffen zu erhalten (EC 2010:8 zit. in. Küblböck 2016: 142). In diesem Lichte kann die 2013 gestartete TTIP-Verhandlung betrachtet werden, bei der die EU gemeinsam mit den USA „*ein starkes Signal der Unterstützung eines offenen Handels mit Rohstoffen und des diskriminierungsfreien Zugangs zu ihnen*" setzen. (EU-Kommission 2014, zit. in Jäger 2015:52 und Küblböck 2016: 142f). Die EU-Kommission setzt heute noch auf diese Strategie:

> „*Reliable and unhindered access to certain raw materials is a growing concern within the EU and across the globe.*" (EC 2018a)[20] bzw.

> "Access to raw materials on global markets is one of the European Commission's priorities." (EC 2018b)[21].

Der Rohstoffverbrauch der EU, die kapitalistische Produktionsweise und neoliberale Politiken stehen hingegen nicht zur Debatte (vgl. CEO 2011). Diese Ursachen werden förmlich ignoriert, stattdessen konzentriert sich die EU auf die Ausgestaltung von Freihandels- und Investitionsverträge bzw. auf die Sicherung des ungehinderten Zugangs zu Rohstoffen. Das Fazit von Karin Küblböck (2016: 149) bringt diese kontroverse Thematik auf den Punkt:

> „*Die Ausbeutung von Ressourcen ist ein Schlüsselfaktor für das Entstehen oder die Verschärfung gewaltsamer Konflikte auf nationaler, regionaler wie internationaler Ebene und beraubt die lokale Bevölkerung in Entwicklungsländern nur allzu oft ihrer Lebensgrundlage.*"

3.4 Machtveränderungen im internationalen System

In Anlehnung an Joseph Nye (2002: 38f) und sein Modell des dreidimensionalen Schachbretts, kann man die weltweite Vormachtstellung der USA, also die Überlegebenheit im Zusammenhang mit militärischen, ökonomischen und kulturell-ideellen („soft power") Ressourcen kaum von der Hand weisen (vgl. Rittberger et al 2010: 52). Die Zeit des „unipolaren Moments" (Charles Krauthammer 1990), also die Zeit der US-Alleinherrschaft sind für andere Forscher jedoch vorbei (Roithner 2016: 179; Nowak 2008; Khanna 2008). Die BRICS-Staaten bilden neue Bündnisse, Institutionen und Absprachen, ein Phänomen das in der realistischen Denkschule auch als „Gegenmachtbildung" (Krell 2004: 165) bekannt ist. Die BRICS-Staaten bilden jedoch kein alternatives Modell, wie zur Zeit der Systemkonkurrenz, sondern ganz im Gegenteil, treiben die Marktradikalität an die Spitze. Vijay Prashad (2013: 91) bezeichnet dies als „*Neoliberalismus mit südlichen Antlitz*". Chinas Wirtschaftswachstum und Militarisierung

---

[20] EC (European Commission), Critical Raw Materials, abgerufen am 19.3.2018 unter:
http://ec.europa.eu/growth/sectors/raw-materials/specific-interest/critical_es
[21] EC (European Commission), Raw Material Diplomacy, abgerufen am 19.3.2018 unter:
https://ec.europa.eu/growth/sectors/raw-materials/specific-interest/international-aspects_en

ist kaum von der Hand zu weisen (vgl. Rittberger et al 2010: 66-70; Roithner 2016: 180f).

Chinas Selbstbewusstsein stieg zusammen mit den Machtambitionen rasant an: In der Weltwirtschaftskrise trat China als größter Gläubiger der hochverschuldeten USA auf (vgl. Keidel 2008). In China befindet sich das Pendant zur Weltbank, nämlich die NDB (New Development Bank). Laut PricewaterhouseCoopers (2015:3) hat China die USA betreffend dem Bruttoinlandsprodukt bereits 2014 überflügelt (vgl. Roithner 2016: 181). Das „Seidenstraßen-Projekt" ist gleichbedeutend mit einer chinesischen Investition von mindestens 900 Milliarden Dollar und gleichbedeutend mit einer geoökonomischen und geostrategischen Machtverschiebung (Stand 6.12.2017)[22]. Das Projekt auch „Ein Gürtel eine Straße" genannt, „stellt alle bisherigen Kooperationen mit Entwicklungsländern in den Schatten" (Giner-Reichl 2015, zit. in Roithner 2016). Betrachtet durch die Brille des Neorealismus ist ein sino-amerikanischer Hegemoniekonflikt unausweichlich. Robert Kaplan (2005: 49) prognostiziert einen „*zweiten Kalten Krieg*" und aus historischer Sicht betrachtet kam es in 10 von 15 Fällen zu kriegerischen Auseinandersetzungen zwischen aufsteigenden und etablierten Mächten (Allison 2013; zit. in: Roithner 2016). Auch die Gegensätze zwischen den USA und Russland, nicht nur aufgrund des Raketenabwehrsystems der NATO in Europa, sowie die Gegensätze zwischen dem Iran und den USA (aufgrund des „strategisch-nuklearen Gleichgewichts") deuten auf ein Eskalationspotential (Tchakarova 2011). Wie sieht in diesem Kontext die EU-Sicherheitsstrategie aus? Die ESS (EU-Sicherheitsstrategie) aus dem Jahr 2003, prognostiziert „*dass die Verteidigungslinie oftmals im Ausland liegen wird"*. Gerald Mader (2008: 12) interpretiert die Einsätze des Europäischen Auswärtigen Dienst (EAD) „*nicht als eine Verteidigung, sondern als eine Sicherung von Rohstoffen und um geopolitische Machtinteressen.*" (zit. in Roithner 2016). In welchen Kontext sollte man diese Aussage verstehen? Entlang von Energieversorgungslinien (u.a. Pipeline-Routen) findet eine regelrechte Militarisierung statt. Als bestes Beispiel kann hier die Straße von Hormus oder aber die Meerenge zwischen Iran und Oman genannt werden. Entlang dieser werden nicht rund 60% des weltweiten Erdöls transportiert,[23] sondern befinden sich zahlreiche (internationale)

---

[22] Satra, Daniel (6.12.2017), Chinas Plan für 2049, tagesschau.de, abgerufen am 18.3.2018.
Vgl. Roithner, Thomas (9.5.2017), Vortrag über: Geopolitische Machtverschiebungen und Ressourcenkonflikte, Varna Institute for Peace Research (VIPR), Wien, abrufbar unter:
https://www.youtube.com/watch?v=ElWUX0GLwsw.
[23] „Durch die Meerenge zwischen Iran und Oman werden bis zu 40 Prozent des weltweit auf Schiffen beförderten Öls transportiert", Tagesschau vom 13.1.2012, abgerufen am 20.3.2018 unter:
https://www.tagesschau.de/ausland/usairan108.html. „20% des weltweit vermarkteten Öls werden durch die Straße von Hormus transportiert", Fokus vom 26.1.2012, abgerufen am 20.3.2018 unter:
https://www.focus.de/politik/ausland/iran/tid-24873/sanktionen-wegen-atomstreits-strasse-von-hormus-ein-nadeloehr-als-druckmittel_aid_706673.html.

Militärstützpunkte und Abwehr-Raketensysteme, wo aktuell auch China eine immer größere Rolle spielt (vgl. Adolf 2011: 91). Und spätestens seit dem russisch-ukrainischen Gaskonflikt aus dem Jahr 2006, fand auch in Europa ein Perzeptionswandel statt: die europäische Abhängigkeit von „russischen" Ressourcen ist seitdem sogar in der öffentlichen Wahrnehmung präsent (Colschen 2010: 250f). Energiesicherheit ist somit schon lange kein rein wirtschaftliches, sondern zunehmend ein sicherheitspolitisches Thema und auch ein geopolitisches Thema. Auch hier halten wir also fest, dass die strategischen Dokumente und die realpolitische Antwort der EU im hegemonialen Diskurs verankert sind, welche wiederrum die Gedanken des (Neo-)Realismus spiegeln.

4 Conclusio

Ich habe anhand von vier Dimensionen den globalen Transformationsprozess skizziert und anhand von strategischen Dokumente und deren empirischen Daten, versucht eine Zukunftsprognose darzustellen. Alle vier Dimensionen der Veränderung (also das gesamte Kapitel 3) deuten auf ein hohes Konfliktpotential hin. Die Forschungsfrage (Kapitel 1.1) kann nach dem bisher gesagten, folgendermaßen beantwortet werden: Die außen- und sicherheitspolitische Antwort auf die vier Dimensionen der globalen Veränderung seitens der EU spricht eine klare (neo-)realistische und somit keine „friedliche" Sprache. Diese Veränderungen erzeugen offensichtlich Angst in der Gesellschaft und ein scheinbares Bedürfnis nach Sicherheit, Faktoren die rechtspopulistische Parteien zu instrumentalisieren wissen. (Neo-)realistische Aspekte wie Macht, Interessen und die kapitalistische Akkumulationslogik dominieren und prägen den hegemonialen Diskurs und die Handlungsoptionen der Außen- und Sicherheitspolitik der EU. Somit ist der Traum vom ewigen (europäischen) Frieden lediglich eine inhaltsleere Worthülse (also ein leerer Signifikant). Die Friedens- und Konfliktforschung kann die polit-ökonomischen Probleme der vier Dimensionen nur dann durchbrechen, wenn sie angelehnt an den intersektionalen Feminismus die Denkschule des (Neo-)Realismus kritisiert und somit den hegemonialen Diskurs durchbricht. Dies geht einher mit der Inkludierung weiblicher Interessen in der internationalen Politik, mit der Ablehnung der kapitalistischen Akkumulations- und Expansionslogik und mit den hervorheben der imperialen Lebensweisen, welche dramatische ökologische Folgen mit sich bringen.

Quellen- und Literaturverzeichnis

Adolf, Matthias (2011), Energiesicherheitspolitik der VR China in der Kaspischen Region. Erdölversorgung aus Zentralasien, VS Verlag, Wiesbaden.

Anderson, Benedict (1991), Imagined Communities: Reflections on the Origin and Spread of Nationalism, Verso Verlag, London, New York.

Asbach, Olaf (2011), Europa – Vom Mythos zur Imagined Community? Zur historischen Semantik „Europas" von der Antike bis ins 17. Jahrhundert, Wehrhahn Verlag, Hannover.

Barber, Benjamin R. (2007), Imperium der Angst. Die USA und die Neuordnung der Welt, Deutscher Taschenbuch Verlag, München.

Basedau, M. (2005), Context Matters – Rethink the Resource Curse in Sub-Sahran Africa,, Hamburg.   http://www.giga-hamburg.de/de/system/files/publications/wp01_basedau.pdf, Zugegriffen: 30. Sept. 2013.

Bonacker, Thorsten/ Imbusch, Peter (1999), Begriffe der Friedens- und Konfliktforschung: Konflikt, Gewalt, Krieg, Frieden, in: Imbusch, Peter/ Zoll, Ralf (Hrsg.): Friedens- und Konfliktforschung. Eine Einführung, Leske + Budrich, Opladen, S. 73-116.

Brand, Ulrich/ Wissen, Markus (2016), Imperiale Lebensweisen und die politische Ökonomie natürlicher Ressourcen, in: Fischer, Karin/Jäger, Johannes/ Schmidt, Lukas (Hrsg.), Rohstoffe und Entwicklung. Aktuelle Auseinandersetzungen im historischen Kontext, Historische Sozialkunde/ Internationale Entwicklung 35, NAP Verlag, Wien.

Brzoska, M. (2008), Der konfliktträchtige Klimawandel – Ein Sicherheitsproblem? In: A. Heinemann-Grüder/ Hippler, J./ Weingardt, M./ Mutz, R & Schoch, B. (Hrsg.): Friedensgutachten 2008, S.195-206, LIT Verlag, Berlin.

Castles, Stephan/ Miller, Mark (2003), The Age of Migration. International Population Movements in the Modern World, Thrid Edition, Guilford, New York.

Colschen, Lars (2010), Deutsche Außenpolitik, Wilhelm Funk GmbH & Co Verlag, Paderborn.

Corporate Europe Observatory (CEO) (2011), Europes' Resource Grab. Vested interests at work in the European Parliament, Brussels.

Czempiel, Ernst Otto (2003), Weltpolitik im Umbruch. Die Pax Americana, der Terrorismus und die Zukunft der internationalen Beziehungen, Verlag C.H.Beck, München.

Der Standard (2012, 10. Feb.), Rohstoff-Reisediplomatie a la Merkel gefordert, S. 18.

Donhauser, Gerhard (2015), Angst und Schrecken: Beobachtungen auf dem Weg vom Ausnahmezustand zum Polizeitstaat in Europa und den USA, new academic press, Wien.

EEAS - European Union External Action (2016), Shared Vision, Common Action: A Stronger Europe: a Global Strategy for the European Union's Foreign and Security Policy (EFSP). Abgerufen am 16.3.2018 unter: https://eeas.europa.eu.

EPRS – European Parliamentary Research Service (2017), Global Trends to 2035. Geo-politics and international power. European Union, Brussels, abgerufen am 16.3.2018 unter: http://www.europarl.europa.eu/thinktank/en/document.html?reference=EPRS_STU(2017)603 263.

ESPAS – European Strategy and Policy Analysis System (2017), Shaping the Future of Geopolitcs. Foresight and Strategic Game Changers. Hard and Soft Power in a Changing World. Abgerufen am 16.3.2018 unter: https://ec.europa.eu/.

EUISS (European Union Institute for Security Studies (2017) – After the EU Global Strategy. Building Resilience, abgerufen am 17.3.2018 unter: https://www.iss.europa.eu.

EuroMemo Group (2018), Can the EU still be saved? The implication of a multi-speed Europe, Euro Memorandon 2018, abgerufen am 16.3.2018 unter: http://www.euromemo.eu/euromemorandum/euromemorandum_2018/index.html.

European Commission (2008), The Raw Material Initiative – meeting our critical need for growth and jobs in Europe COM (2008) 699 final, Brussels.

European Commission (2010), Trade, Growth and World Affairs. Trade Policy as a Core Component of the EU's 2020 Strategy, EC, Brussels.

Galtung, Johan (2007), Frieden mit friedlichen Mitteln: Friede und Konflikt, Entwicklung und Kultur, 1. Auflage, Band 4, agenda Verlag, Münster.

Gramsci, Antionio (1932-1935/ 1996): Gefängnishefte, Band 7, Hefte 12-15, Hamburg.

Haller, Max (2009), Die Europäische Integration als Elitenprozess. Das Ende eines Traumes? VS Verlag, Wiesbaden.

Heinemann-Grüder, Andreas (2016), Fluchtursache Interventionismsu, in: Margret, Johannsen/ Schoch, Bruno/ Mutschler, Max M./ Hauswedell, Corrina/ Hippler, Jochen (Hrsg.), Friedensgutachten 2016, LIT Verlag, Berlin.

Herz, John (1950), Idealist Internationalism and the Security Dilemma, in: World Politics 2: 2, 157-180.

Humphreys, Macartan/ Sachs, Jeffrey D./ Stiglitz, Joseph (Hrsg.) (2007), Escaping the Resource Curse. Initiative for Policy Dialogue at Columbia, Columbia University Press, New York.

Jakobeit, Cord/ Meißner, Hannes (2011), Frieden und Ressourcen, in: Gießmann, Hans J./ Rinke, Bernhard (Hrsg.): Handbuch Frieden, VS Verlag, Wiesbaden, S. 518-528.

Kahl, Martin/ Rinke, Bernhard (2011), Frieden in den Theorien der Internationalen Beziehungen, in: Gießmann Hans J., Rinke Bernhard (Hrsg.): Handbuch Frieden, VS Verlag, Wiesbaden, S. 70-85.

Kaplan, Robert (2005), How We Would Fight China, in: The Antlantic Monthly 295: 5, S. 49-64.

Khanna, Parag (2008), Der Kampf um die Zweite Welt, Berlin.

Klein, Angela/ Kleiser, Paul B. (2006), Die EU in neoliberaler Verfassung, Neuer ISP Verlag, Köln.

Krauthammer, Charles (1990), The Unipolar Moment, in: Foreign Affairs: America and the World 70: 1, S. 23-33.

Krell, G. (2004), Weltbilder und Weltordnung: Einfürhung in die Theorie der Internationalen Beziehungen, 3. Aufl., Nomos Verlag, Baden-Baden.

Krippendorf, Ekkehart (2016), Die Wiedergeburt Europas – aber aus welchem Geiste?, in: Roithner, Thomas/ Gamauf-Eberhardt, Ursula (Hg.), Am Anfang war die Vision vom Frieden. Wegweiser in eine Zukunft jenseits von Gewalt und Krieg. Festschrift zum 90. Geburtstag von Gerald Mader, Kremayr & Scheriau Verlag, Wien, S. 149-176.

Küblböck, Karin (2016), Internationale Rohstoffpolitik im Wandel. Zwischen Zugangssicherung und lokaler Entwicklung, in: Fischer, Karin/Jäger, Johannes/ Schmidt, Lukas (Hrsg.), Rohstoffe und Entwicklung. Aktuelle Auseinandersetzungen im historischen Kontext, Historische Sozialkunde/ Internationale Entwicklung 35, NAP Verlag, Wien.

Mahnkopf, B. (2013), Peak Everything – Peak Capitalism? Folgen der sozial-ökologischen Krise für die Dynamik des historischen Kapitalismus. Working paper 02/2013 der DFG-KellegforscherInnengruppe Postwachstumsgesellschaft, Jena.

Marchart, Oliver (2008), Cultural Studies, UVK Verlag, Konstanz.

Marx, Karl (1988 [1867]), Das Kapital. Kritik der politischen Ökonomie, Erster Band, Dietz Verlag, Berlin.

Menzel, Ulrich (2001), Zwischen Idealismus und Realismus. Die Lehre von den Internationalen Beziehungen, Suhrkamp Verlag, Frankfurt am Main.

Morgenthau, Hans J. (1963), Macht und Frieden: Grundlegung einer Theorie der internationalen Politik, Bertelsmann Verlag, Gütersloh.

Mouffe, Chantale/ Laclau, Ernesto (2001), Hegemony and Socialist Strategy. Towards a Radical Democratic Politics, Second Edition, Verso, London, New York.

Nowak, Wolfgang (2008), Kein Lotse an Board: Wer dominiert die multipolare Welt?, in: Internationale Politik 63: 7-8, S. 8-10.

Nye, Joseph (2002), The Paradox of American Power: Why the World's Only Superpower Can't Go It Alone, Oxford University Press, Oxford, New York.

Poulantzas, Nicos (1978), Staatstheorie. Politischer Überbau, Ideologie, Autoritärer Etatismus, VSA, Hamburg.

PricewaterhouseCoopers (PwC) (2015), The World in 2050. Will the shift in global economic power continue? London.

Rittberger, Volker/ Kruck, Andreas und Romund, Anne (2010), Grundzüge der Weltpolitik. Theorie und Empirie des Weltregierens, VS Verlag für Sozialwissenschaften, Wiesbaden.

Ross, Michael Lewin (1999), The Political Economy of the Resource-Curse, in: World Politics, Vol. 51, Nr.2, S.297-322.

Ross, Michael Lewin (2001), Does Oil Hinder Democracy? In: World Politics, Vol. 53, Nr.3, S.235-361.

Ruf, Werner (2014), Friedenspolitisches Plädoyer für eine andere Gemeinsame Außen- und Sicherheitspolitik der EU, in: Roithner, Thomas/ Frank Johann/ Huber, Eva (Hg.): Werte, Waffen, Wirtschaftsmacht. Wohin steuert die EU-Friedens- und Sicherheitspolitik?, Lit Verlag, Wien, Berlin, S. 52-65.

Roithner, Thomas (2015), Rohstoffsicherheit, in: Jäger Thomas (Hrsg.): Handbuch Sicherheitsgefahren, Reihe Globale Gesellschaft und internationale Beziehungen, VS Verlag, Wiesbaden, Berlin, S.65-74.

Roithner, Thomas/ Gamauf-Eberhardt, Ursula (Hg.), Am Anfang war die Vision vom Frieden. Wegweiser in eine Zukunft jenseits von Gewalt und Krieg. Festschrift zum 90. Geburtstag von Gerald Mader, Kremayr & Scheriau Verlag, Wien.

Salzborn, Samuel (2011), Staat und Nation. Die Theorien der Nationalismusforschung in der Diskussion, Steiner Verlag, Stuttgart.

Tchakarova, Velina (2016), Das Globale System im Umbruch, AIES (Austria Institut für Europa- und Sicherheitspolitik), Fokus 8/2016, Hainburg.

Tchakarova, Velina (2011), Ein NATO-Raketenabwehrschild in Europa: Ambitioniertes Abrüstungsprojekt oder Auslöser eines neuen Rüstungswettlaufs?, Austria Institut für Europa- und Sicherheitspolitik (AIES), Fokus 7/2011, Hamburg.

Vijay, Prashad (2013), The Poorer Nations: A Possible History of the Global South, Verso Books, London, New York.

Waltz, Kenneth N. (1979), Theory of International Politics, Reading, MA: Addision-Wesley.